Rumi

DIE MUSIK, DIE WIR SIND

Rumi

DIE MUSIK, DIE WIR SIND

Nach den Versionen von Coleman Barks
ausgewählt und übersetzt von Christoph Engen

arbor
Arbor Verlag
Freiamt im Schwarzwald

Texte aus:

„The essential Rumi", „The Soul of Rumi", Harper San Francisco

„We are three", „Delicious Laughter", Maypop Books

Ausgewählt und übersetzt aus dem amerikanischen Englisch von Christoph Engen nach den Versionen von Coleman Barks

10. Auflage 2025

Lektorat: Lothar Scholl-Röse, Georg Grässlin
Gestaltung: Sandy Riemer
Druck und Bindung: Memminger MedienCentrum Druckerei und Verlags-AG

Dieses Buch wurde auf 100 % Altpapier gedruckt und ist alterungsbeständig.
Weitere Informationen über unser Umweltengagement finden Sie unter www.arbor-verlag.de/umwelt.

www.arbor-verlag.de

ISBN 978-3-936855-86-9

INHALT

GELEITWORT VON RESHAD FEILD

Ich stieß erstmals vor Langem in den frühen sechziger Jahren auf Rumis Werke, als ich die sechs, in drei umfangreichen Bänden gedruckten Bücher von Rumis Mathnawi in die Hände bekam. Auf meinen endlosen Reisen rund um die Welt haben mich diese Bücher seither immer begleitet. Zu jener Zeit hatten nur wenige von Rumi gehört, die „Wirbelnden Derwische" waren so gut wie unbekannt, und von Coleman Barks, der mittlerweile einer meiner nächsten und vielgeliebten Freunde geworden ist, hatte ich noch nie gehört.

Jedoch Kismet (die Bestimmung) streckt ihre Arme nach allen wahren Suchenden auf dem Weg der Liebe, des Mitgefühls und des Dienens aus, und so fand ich mich bei vielen Gelegenheiten zu Besuch in Konya wieder und bei den dortigen Grabmälern von Shams i Tabriz und von Rumi. Die Geschichte davon ist in meinem eigenen Buch *Ich ging den Weg des Derwisch* niedergeschrieben.

Als jenes Buch fertiggestellt wurde, hatte ich schon viele Übersetzungen von Rumis Werk gelesen, und es wäre unsinnig, die unterschiedlichen Übersetzer im Lauf der Jahre miteinander zu vergleichen. Es kam allerdings die Zeit, als ich eines von Colemans früheren Büchern entdeckte und augenblicklich gepackt wurde von der Schönheit und Kraft in seinen Worten, die auf meinem Herzen spielten, wie die Finger eines Lautenspielers am Königlichen Hof. Mehr als alles in der Welt wollte ich Coleman kennenlernen, der offensichtlich eine sehr direkte Verbindung zu der Essenz von Rumis Lehren besaß – zu Rumi, der oft als „Der Pol der Liebe" bezeichnet wird. Wenig später besuchte ich eine öffentliche Lesung von Coleman in den Staaten. Es war, als würde die Gegenwart von Liebe in diesem Raum all unsere Herzen erfüllen. Sofern es noch Zweifel gegeben haben sollte, ob ein Dichter und Mystiker des 13. Jahrhunderts für unsere Zeit wirklich anwendbar ist, wurden diese davongespült, und wir blieben voll Staunen zurück, viele in Tränen der Dankbarkeit, wie ein Strom, der die ganze Nacht über fließt, was, zumindest für mich, niemals aufgehört hat.

Reshad Feild, 2. August 2008, Devonshire/England

Reshad Feild ist Autor zahlreicher Bücher,
u.a. des spirituellen Klassikers „Ich ging den Weg des Derwisch".
www.reshadfeild.com

GELEITWORT VON DR. ORUC GÜVENC

Hazreti Mevlana (Rumi) nahm auf seiner langjährigen Reise durch Zentralasien, wie eine Biene, fleißig alles Wissen in sich auf und machte dann Honig daraus.

Dieser Honig wurde zur Nahrung und zum heilenden Medikament für die Menschen.

In diesem Buch, in den Worten Mevlanas wird der Leser diesen spirituellen Einfluss fühlen, schmackhafte Nahrung genießen und Heilung für seine Krankheiten und Probleme finden.

Ich möchte mich bei Herrn Christoph Engen für seine Arbeit bedanken. Möge Gott ihm und den Lesern gute Gesundheit schenken.

Dr. Rahmi Oruc Güvenc, im Juli 2008

Dr. Oruc Güvenc ist klinischer Psychologe,
Musiktherapeut & Sufimeister verschiedener Derwisch-Orden.
www.tumata.com

WER IST RUMI?

Mevlana Dschelaluddin Rumi (1207-1273) war einer der bekanntesten Dichter und Gottesfinder des Mittelalters. Er war ein Zeitgenosse von Franz von Assisi.

Aus Afghanistan stammend, lebte er größtenteils in der heutigen Türkei. Rumi war sehr sprachbegabt und erfolgreich, vor allem als Theologe, weltberühmt allerdings wurde er erst durch die Begegnung mit seinem geistigen Lehrer Shams.

Dieser Shams von Täbriz war in die tiefsten Geheimnisse des Universums eingeweiht.

Er wusste, dass Gott reine Liebe ist und dass Gott immer bei uns ist. Und dass wir deswegen allen Grund haben, uns einfach zu freuen. Diese Freude drückte Shams zum Beispiel dadurch aus, dass er tanzte und sich immer wieder im Kreis herumdrehte. Das war eines der Dinge, die er auch Rumi lehrte. Ein anderes war, dass man einfach liebevoll auf die Welt und auf alle Wesen schauen sollte.

Zwischen Rumi und Shams entstand eine tiefe Freundschaft. Für Rumi war Shams wie Gott in Person. Gott als leibhaftiger *Freund.* Ihm zuliebe ließ er alles liegen und stehen. Manche von Rumis Angehörigen und Studenten sollen deshalb eifersüchtig geworden sein. Darum machte sich Shams immer wieder aus dem Staub und zog weiter.

Zunächst gelang es Rumi noch, seinen geliebten Lehrer wiederzufinden und zurückzuholen, eines Tages aber blieb Shams für immer verschwunden.

Rumi soll ziemlich lange gebraucht haben, diese physische Trennung von seinem großen Lehrer und *Freund* zu überwinden, plötzlich aber wurde ihm klar, dass er

Shams überhaupt nicht verlieren konnte, weil jener ein unsterbliches geistiges Wesen war, wie er selbst. Und mehr noch: Shams wurde in Rumis Geist (man könnte auch sagen in Rumis Herz) jetzt noch viel lebendiger als je zuvor. Von jetzt an kannte Rumis Freude keine Grenzen mehr. Er hatte die große Illusion von Trennung und Tod durchschaut.

Jetzt war Rumi selbst einer dieser glücklichen Gottesfinder geworden und er drehte sich in seiner Freude, genau wie Shams, oftmals tanzend im Kreis. Währenddessen fielen ihm tausende von Gedichten und Geschichten ein, die von Freunden niedergeschrieben wurden und schließlich eines der bedeutendsten Werke der Weltliteratur ergaben.

Dass die Gedichte Neuübersetzungen moderner nordamerikanischer Versionen sind, tut Rumi hoffentlich keinen Abbruch. Eine Übersetzung ist immer auch eine von mehreren möglichen Interpretationen. Dies gilt umso mehr, als es sich hier um eine Übersetzung aus einer Übersetzung ins Englische handelt. Meine Hoffnung ist dennoch, dass der Geist Rumis auch in dieser Übertragung spürbar ist und das Leben vieler Menschen berühren kann.

Christoph Engen, im Mai 2014

DIE MUSIK, DIE WIR SIND

Hast du gehört, der Winter ist vorbei!
Nelken und Basilikum platzen vor Lachen.

Kaum von der Reise zurück, ist die Nachtigall
schon Gesangslehrer für die Vögel.

Die Bäume überreichen Gratulationen.
Die Seele tanzt durch die Tür zum König hinauf.

Anemonen erröten, weil sie einen Blick
von der nackten Rose erhaschten.

Der einzige faire Richter, der Frühling,
breitet sich im Gerichtssaal aus.

Und ein paar Dezember-Diebe
huschen davon.

Die Wunder vom Vorjahr
sind bald Vergessenheit.

Aus Nicht-Existenz wirbeln neue Geschöpfe hervor,
Galaxien um ihre Füße verstreut. Hast du die getroffen?

Hörst du, wie in der Wiege die Jesus-Knospe summt?
Eine kleine Narzisse – Inspektor von Königreichen!

Ein Fest ist in Gang. Horch:
Es ist der Wind, der den Wein ausschenkt!

Früher versteckte die Liebe sich
hinter Bildern. Damit ist Schluss!

Der Obstgarten steckt seine Lampions auf.
In Lumpen stolpern die Toten herbei.

Nichts bleibt in Fesseln oder gefangen.
Du sagst: „Stopp dieses Gedicht hier

und wart, was als Nächstes kommt.“ Sofort.
Gedichte sind nur Gekritzel bei der Musik, die wir sind!

DIE OZEAN-ENTE

Du bist eine wilde Ozean-Ente,
die unter Hühnern aufgewachsen ist!

Deine wirkliche Mutter lebte auf dem Ozean,
aber deine Amme war ein zahmer Landvogel.

Deine tiefsten Seeleninstinkte gelten dem Ozean.
Was immer du darüber weißt,
wie man sich an Land bewegt,
hast du von deiner Amme, der Henne, gelernt.

Jetzt ist es Zeit, dich wieder Enten anzuschließen!

Deine Amme wird dich sicher
vor Salzwasser warnen, aber hör nicht hin!
Der Ozean ist dein Zuhause,
nicht ein stinkender Hühnerstall!

Du bist ein König, ein Kind Gottes,
das auf Wasser gehen kann *und* auf Erde.
Du stolperst umher, und du gleitest
in riesigen Kreisen durch den Himmel.

Wir sind Wasservögel, Sohn, glaube mir!
Der Ozean kennt unsere Sprache
und hört und gibt Antwort.
Wie der weise Salomon ist dieses Meer.

Spring da hinein und lass dieses Königs-Wasser
uns zu Serien-Liebesbriefen
an seine Wellen verwandeln.

Der Ozean ist immer da!
Aber manchmal werden wir seekrank.
Aus Eitelkeit und Vergesslichkeit.

Manchmal löst ein Donnern
bei einem Durstigen Kopfweh aus.
Falls er vergessen hat, dass der Donner Regen bringt.
Und falls er noch etwas
von einem trockenen Flussbett erwartet.

Halte du nicht nach zweitrangigen Ursachen Ausschau!

Es lebte einmal ein Asket weit in der Wüste draußen.
Eine Pilgerschar kam und bestaunte ihn.

Entrückt stand er barfuß auf Sand,
der so heiß war, dass darauf Wasser kochte.
Aber im Wüstenwind wirkte er kühl und feucht
wie in einem frisch bewässerten Garten.
Seine nackten Füße schienen in Seide gewickelt
und es war, als wehte es um seinen Körper.

Die Pilger warteten.

Endlich tauchte er aus der Versunkenheit auf
und wurde einer von ihnen,
sehr lebendig und strahlend.
Wie nach heiligen Waschungen
troff es ihm von Gesicht und Kleidung.
„Wo kommt das her?“ fragten sie.

Er deutete nach oben.

„Aber kommt das, wann immer du willst?
Ohne Brunnen und ohne Seil?
Erzähl doch!“

Der Asket wandte sich zum Himmel und betete:

„Antworte den Pilgern auf ihre Fragen,
Du, der Du aus Leersein
Raum kannst werden lassen.
Lass diese Pilger erfahren,
was sie wirklich schützt und erhält.“

Da tauchte aus dem Nichts eine Wolke auf.
Riesig wie ein Elefant.
Und aus Kübeln fing es zu schütten an.
Der Regen flutete über die Mulden und Gräben.

Die Pilger hielten die Wasserbehälter hoch
und ließen sie vollaufen.

Einige lösten sich schlagartig von ihren Zweifeln
und waren befreit.

Einige waren so verblüfft,
dass sie allmählich zu vertrauen begannen.

Und ein dritter Teil der Pilger
war schon sauer und skeptisch angereist,
und auch jetzt, triefend vor Wasser,
blieben sie skeptisch und sauer.

Und das ist das Ende dieser Geschichte!

INNEN IM UNIVERSUM VON SHAMS

Im Herz eines Liebenden innen
ist noch eine Welt und noch eine.

Innen im *Freund* dieses Kreises von Liebenden
ist ein Ohr, das Mysterien hört,

eine Ader aus Silber im Grund,
ein weiterer Himmel!

Intellekt und Mitgefühl sind Leitern,
die wir erklettern.

Es gibt auch noch andere Leitern:
eine Stimme,
die auf unserer nächtlichen Wanderung
von Vergebung spricht.

Innen im Universum von Shams*
wird die Kerzenflamme
zur Motte,
die in *seiner* Kerze verglüht.

* Shams von Täbriz war der große spirituelle Lehrer-Freund Rumis, ein einfacher wandernder Derwisch.

TÄNZER IN MEINER BRUST

In Deinem Licht lerne ich lieben.
In Deiner Schönheit lerne ich dichten.

Du tanzt in meiner Brust.
Wo Dich keiner sieht.

Aber manchmal sehe ich Dich.
Und aus diesem Sehen
erblüht diese Kunst!

WAS ICH WILL

Was ich will ist, dein Gesicht sehen
in einem Baum, in der aufgehenden Sonne,
in der Luft.

Was ich will ist,
die Falken-Trommel hören,
und dass dein Unterarm wieder leuchtet.

Du sagst: „Erzähl ihm, dass ich nicht da bin."
Der Klang dieser brüsken Abfuhr
wird das, was ich will.

Sehen, wie sich in jeder Handfläche
die eleganten Silbermünz-Stückchen
im Regen-Rad drehen.

Fallen, wie das fallende Brot
einer jeden Erfahrung.

Schwimmen, wie ein gewaltiger Fisch
im Ozean-Wasser.

Sein, wie Jakob,
als er Joseph erkennt.

Sein, wie ein Wüstenberg,
nicht eine Stadt.

Ich habe Feiglinge endgültig satt.
Ich will mit Löwen leben.
Mit Moses.

Keine wimmernden, verheulten Leute mehr.
Ich will schimpfende Trunkenbolde.

Ich will singen, wie Vögel singen,
denen es gleich ist, wer zuhört,
oder wer was denken könnte.

Letzte Nacht ging ein großer Lehrer
mit einer Lampe von Tür zu Tür:

„Ich suche den,
der nicht gefunden werden kann.
Jenseits von Wollen, jenseits von Raum,
in der Form, diesen Einen."

Da klagt eine Flöte:

„Ich hab keine Hoffnung mehr,
den noch zu finden".

Doch nur die Liebe
bringt überhaupt diese Töne hervor.
Und zugleich ist sie all die gespielte Musik!

Lass diesen Musiker
das Gedicht hier beenden!

O Shams,

ich bin ein Wasservogel,

der in die Sonne fliegt!

SCHMERZ

Schmerz entsteht, wenn du siehst,
wie arrogant du warst.
Und Schmerz ist es auch,
der dich von Anmaßungen befreit.

Ein Kind kann nicht geboren werden,
bevor die Mutter Schmerzen empfindet.

Das Kind, das du in dir trägst, heißt:

Wirklich Vertrauen!

Die Worte der Erleuchteten und der Propheten
sind wie helfende Hebammen.
Aber zuerst musst du wohl Schmerzen haben.

Schmerz nicht wahrzunehmen, heißt oft,
das *Ich*, die *Erste Person,* falsch zu gebrauchen.

Dann sagst du:
„*Ich* bin dies. *Ich* bin jenes.“

Aber *Ich* ist in Wirklichkeit *Gott,*
wie Hallaj es ausrief.

Nur hatte er gewartet,
bis das auch seine Erfahrung war.

Ein *Ich* zur falschen Zeit erzeugt einen Fluch.
Ein *Ich* zur rechten Zeit bringt Segen.

Einem Hahn, der zu früh, noch im Dunkeln, kräht,
wird der Kopf abgeschnitten.

Was ist hier mit „Köpfen" gemeint?
Wie einem Skorpion der Stachel gezogen wird,
um ihn zu retten,
oder einer Schlange das Gift,
damit sie nicht gesteinigt wird,
so zieht dir ein Wirklicher Lehrer
dein falsches Ich aus der Seele.

An so einen Lehrer halte dich.
Stärke wird kommen.

Deine Stärke ist,
dass er dich näher heranzieht.

Seele der Seele der Seele,
Moment für Moment,
hoffe, genau den zu atmen.

Dass du lange getrennt warst, spielt keine Rolle.
Die Gegenwart weiß nichts von Trennung.

SCHLUND UNSERER BEDÜRFNISSE

Uns werden üppige Nachspeisen serviert,
und selten lehnen wir sie ab.

Wenn wir mit anderen sind,
können wir hingebungsvoll meditieren.
stundenlang sitzen wir dann still.

Aber wenn wir alleine beten,
wie rasch springen wir dann wieder auf
und stürzen uns schon nach ein paar Minuten
den Schlund unserer Bedürfnisse hinab.

Aber das kann sich ändern.

Wie Mineralien aus der Erde Bäume hochklettern
und Baum werden,
wie sich die Pflanze einem Tier gegenübersieht
und in das Tier gelangt,

so kann ein Mensch seinen Körper
wie einen schweren Rucksack abnehmen

und

Licht sein.

EINER, DER AUFHÖRT, SICH SELBST ZU SEHEN

Ich suche einen Menschen,
der einfach und offen genug ist,
den *Freund* zu sehen,
nicht einen Verstand,
der mehrere Perspektiven wiegt.

Ich will eine leere Muschel für diese Perle,
nicht einen Stein,
der noch tut, als besäße er Wert,
obwohl sein Äußeres schon zerfallen ist.

Ich will, dass einer,
der aufhören kann, sich selbst zu sehen
voll mit Liebe wird,

einen, der Unterbrechungen und Probleme
nicht als Störungen,
sondern als Freundlichkeiten empfindet.

JEMAND

Jemand, der mit einem halben Laib Brot
in einen kleinen Raum geht,
der nur wie ein Nest um ihn herum passt,
jemand, der nichts mehr will,
nach dem sich keiner mehr sehnt.

So jemand ist ein Brief für jeden.
Du öffnest ihn und liest:

„Lebe!“

DERWISCH AN DER TÜR

Ein Derwisch klopfte an ein Haus
und bat um ein Stück
trockenes oder feuchtes Brot, egal.

„Hier ist keine Bäckerei", sagte der Besitzer.
„Habt Ihr dann vielleicht ein paar Fleischreste?"
„Sieht das hier aus wie eine Metzgerei?"
„Ein bisschen Mehl?"
„Hörst du irgendwo einen Mühlstein?"
„Etwas Wasser?"
„Ist das ein Brunnen hier?"

Worum der Derwisch auch bat,
der Mann machte einen blöden Witz
und weigerte sich, ihm irgendetwas zu geben.

Plötzlich rannte der Derwisch ins Haus hinein,
hob seinen Umhang hoch
und ging in die Hocke wie zum Scheißen.

„He, he!" rief da der Mann.
„Ruhe, du trübe Erscheinung!"
gab der Derwisch zurück
und begann sein Geschäft zu verrichten.

„Ein verlassener Ort
ist ein wunderbarer Platz, um sich zu erleichtern.
Und da es hier nichts Lebendiges gibt
und auch keine Lebensmittel,
muss gedüngt werden!

Außerdem,
was für eine Sorte Vogel bist du eigentlich?

Ein Falke vom Arm des Königs bist du nicht!
Auch kein augenbemalter Pfau,
auch kein Papagei,
der für Zuckerstückchen zu reden anfängt,
oder eine Nachtigall, die singt wie verliebt!

Auch kein Wiedehopf,
der König Salomon Nachrichten bringt,
oder ein Storch, der bei den Klippen nistet.

Was genau tust du eigentlich?
Du gehörst keiner bekannten Spezies an!

Du feilschst und witzelst nur herum,
um deinen Besitz für dich zu behalten!

Du hast die Einheit vergessen, mein Freund,
die nicht aus jeder menschlichen Begegnung
Profit schlagen will,
und die sich um Besitztum nichts schert!“

AL-HALLĀDSCH

Al-Hallādsch* hat gesagt, was er gesagt hat,
und katapultierte sich
durch das Loch in der Richtstatt zum Ursprung.

Ich schnitt ein Stück Stoff aus seinem Umhang,
klein wie eine Mütze,
von oben bis unten überschwemmte mich das.

Vor Jahren
brach ich einen Strauß Rosen von seiner Mauer.
Ein Dorn davon steckt noch mitten in meiner Hand
und bohrt sich tiefer und tiefer.

Von al-Hallādsch lernte ich, Löwen zu jagen.
Aber ich wurde irgendwie hungriger als ein Löwe.

Ich war ein ausgelassener Grünschnabel.
Mit stiller Hand
brach mir al-Hallādsch das Genick.

Jemand kommt nackt zu ihm. Es ist kalt.
Da schwimmt ein Pelzmantel im Fluss.
„Spring rein und hol den Mantel," sagt al-Hallādsch.

* al-Hallādsch war ein persischer Mystiker, der 922 n. Chr. in Bagdad wegen Gotteslästerung angeklagt und hingerichtet wurde. Er soll ausgerufen haben: „Ana'l-Haqq!" – „Ich bin die Wahrheit!"

Du tauchst rein.
Du greifst nach dem Mantel.
Da greift der Mantel nach dir!
Ein lebendiger Bär ist das,
der flussaufwärts ins Wasser gefallen ist
und mit der Strömung treibt!

„Wie lange dauert's noch!"
schreit al-Hallādsch vom Ufer her.
„Wart nicht auf mich", rufst du zurück,
„der Mantel hier hat sich entschieden,
mich nach Hause zu tragen!"

Ein Bruchstück einer Geschichte, ein Hinweis.
Braucht es lange Predigten über al-Hallādsch?!

DAS GASTHAUS

Ein Gasthaus ist dieses menschliche Dasein.
Jeden Tag eine Neuankunft.

Eine Freude, ein Kummer, eine Gemeinheit,
ein kurzes Achtsamsein
kommt als unerwarteter Gast.

Heiße alle willkommen und mach's allen schön!
Auch wenn sie ein Haufen Leiden sind,
die dir brutal alle Möbel rausfegen.
Egal. Behandle jeden Gast mit Respekt.
Vielleicht schafft gerade er in dir Platz
für ganz neue Wonnen.

Den dunklen Gedanken, der Scham, der Boshaftigkeit –
öffne allen mit Lachen die Tür
und lade sie ein, deine Gäste zu sein.

Sei dankbar für jeden, der kommt,
denn jeder wurde als Führer von oben geschickt.

VERGEBEN

Jetzt lege ich mich hin, um wach zu bleiben.
Bitte, oh Gott,
lass meine Seele in dein Wachsein kommen.
Damit ich dieses eine Stück Weisheit endlich verstehe:
Gnade kommt zum Vergeben
und immer wieder Vergeben.

WACHEHALTEN

Blumen blühen am Himmel auf,
Nacht um Nacht.
Wie der Friede des Wachehaltens
das Leersein entfacht.

HERUM UND HERUM

Heute Nacht kreise ich um dein Nest herum,
herum und herum, herum und herum.
Bis zum Morgen.

Jetzt, sagt da eine Brise Luft.

Und der *Freund* hält
wie einen gläsernen Kelch
einen anonymen Schädel empor.

HIER IST DER WEG!

Die Luft trägt den Klang der Trommeln herbei.
Ebenso schlägt mein Herz.
Aus dem Rhythmus wird eine Stimme:
„Ich weiß, dass du müde bist.
Aber komm! Hier ist der Weg!“

EIN NACKTER MANN

Ein nackter Mann springt in den Fluss
Schwärme von Hornissen über ihm.
Das Wasser ist sein Gebet, die Erinnerung:

Gott ist die einzige Realität. Es gibt nur Gott.

Die Hornissen sind seine Erinnerungen an Sex,
an diese Frau, jene Frau.
Oder bei einer Frau, an diesen und jenen Mann.
Der Kopf taucht auf. Sie stechen.

Atme Wasser. Werde zum Fluss, von Kopf bis Fuß.
Dann lassen dich die Hornissen in Ruhe.
Sogar wenn du weit vom Fluss weg bist,
werden sie dich nicht bemerken.
Keiner sucht nach Sternen,
wenn die wirkliche Sonne scheint.
Ein Mensch, der mit Gott verschmolzen ist,
verschwindet nicht.
Er oder sie ist nur vollkommen aufgesogen
von göttlichen Eigenschaften.
Brauchst du hierzu ein Koran-Zitat?

Alles soll in Deine Gegenwart gebracht werden.

Verbünde dich mit Reisenden,
die das zum Motto haben.
Die Lampen, die wir gefertigt haben, verlöschen.
Manche rasch. Manche halten bis Tagesanbruch.
Manche sind schwach, manche stark,
alle werden mit Brennstoff genährt.

Wenn hier in einem Haus das Licht ausgeht,
beeinflusst das nicht das nächste Haus.
Es betrifft nur die Geschichte der Tier-Seele.
Nicht die göttliche Seele.
Hier wird jedes Haus von der Sonne erhellt.
Geht sie unter, werden alle Häuser schwarz.

Doch das Bild deines Lehrers ist wirkliches Licht.
Nur deine Feinde lieben das Schwarz.
Wie Spinnen weben sie Netze über das Licht.
Aus sich selbst heraus bilden sie ihre Schleier.

Versuch du nicht, ein wildes Pferd zu beherrschen,
indem du sein Bein festhältst!
Fass es am Hals. Nimm die Zügel. Sei vernünftig.
Dann reite!
Schieb deinem Ego den Riegel vor.
Und denk nicht geringschätzig
über den alten Gehorsam.
Er hilft.

MITTERNACHT

Mitternacht. Ein langer Schrei nahe der Moschee,
ein Todesschrei.
Ein junger Mann, der dort sitzt, hört ihn und denkt:
„Dieser Laut macht mir keine Angst. Warum auch?
Er ist der Trommelschlag, der ein Fest ankündet.
Er bedeutet, wir sollten anfangen,
die Freudensuppe zu kochen!“

Er lauscht hinweg über seine Todesfurcht,
hin zur Vereinigung.
„Jetzt ist Zeit für die Erleuchtung in mir.
Oder Zeit, meinen Körper zu verlassen.“

Er springt auf und ruft zu Gott:
„Wenn Du Mensch sein kannst,
komm jetzt in mich hinein!“
Das Signal des Todesschreis hat ihn aufgebrochen.

Gold strömt herab,
verschiedenster Art, aus allen Richtungen,
Goldmünzen, flüssiges Gold,
goldenes Tuch, Goldbarren.
Es stapelt sich aufeinander,
blockiert fast die Türen der Moschee.

Der junge Mann schuftet die ganze Nacht,
schleppt Säcke voll Gold weg, vergräbt sie,
wieder und wieder.

Die ängstlichen Gemeindemitglieder
verschlafen alles davon.

Wenn ihr glaubt, ich spreche von materiellem Gold,
seid ihr wie Kinder, die tun,
als wären Geschirrscherben Geld,
und die beim Anblick von Töpferbruch
immer an Geld denken müssen.
Als müsstet ihr euch beim Wort *Gold*
gleich die Hände reiben.

Es geht um anderes Gold!
Jenes, das in deiner Brust glüht, wenn du liebst.

Der Zaubertempel ist dort drin,
und der gellende Todesschrei
ist die Kerzenflamme auf dem Altar.

Der junge Mann ist eine Motte,
die gegen sich selbst spielt und gewinnt.
Ein Wirklicher Mensch ist nicht menschlich!
Seine Kerze brennt nicht.
Sie erleuchtet.

Manche Kerzen verbrennen sich selbst und einander.
Andere überraschen dich
wie Rosenduft in einem Zimmer,
das du gerade als Fremde betrittst.

DREHEN

Letzte Nacht hast du mich verlassen
und deinen eigenen tiefen Schlaf genossen.

Heute Nacht tanzt du
und drehst dich und drehst!

Ich sage: „Du und ich,
wir werden zusammen sein,
bis das Universum vergeht.“

Du murmelst bloß Dinge zurück,
die du gedacht haben musst,
als du trunken warst.

TRUNKENBOLD

Ein Trunkenbold kommt von der Straße herein.
Mit einer Flasche.
Die Tasse wird rum und herum gereicht,
von Hand zu Hand.
Plötzlich rutscht sie und zerschellt.
Tassen leben nicht lang unter Trunkenen.

DIE LAHME ZIEGE

Siehst du die Ziegenherde dort
auf dem Weg zum Wasser hinunter?

Die lahme, verträumte Ziege
streckt ihr Hinterteil hoch.

Manche besorgte Gesichter gibt es wegen ihr.
Aber jetzt lachen alle.

Schau nur, jetzt auf dem Rückweg
steigt die lahme Ziege voran!

Es gibt so viele Arten des Wissens!
Jenes der lahmen Ziege ist wie ein Zweig,
der zu den Wurzeln der Gegenwart weist.

Lerne von dieser lahmen Ziege
und leite die Herde nach Haus.

DIE EDELSTEIN-BLUME

So zerbrechlich war es gestern.
Die nachtsingenden Vögel am Bach.
Sie sangen:

„Magst du auch eine Edelstein-Blume schmieden,
aus Gold, Rubinen und Smaragden,
Duft wird ihr doch fehlen.“

MÜCKEN IM WIND

Ein paar Grasmücken kommen mit einer Klage
vor den großen König Salomon.

„Hochehrwürdiger Salomon", sagen sie,
„du bist der Held aller Unterdrückten!
Du gewährst selbst
den klitzekleinsten Wesen Gerechtigkeit.
Wir sind auch nicht viel größer!
Wir sind nur winzige Zerbrechlichkeiten!
Kannst du uns nicht verteidigen?"

„Wer hat euch schlecht behandelt?" fragt Salomon.

„Der Wind!"
sagen die Mücken, „den Wind klagen wir an!"

Darauf Salomon: „Nun ja, ihr Mücken …
ihr habt süße Stimmen …
Aber vergesst nicht,
ein Richter kann nicht nur eine Seite anhören.
Ich muss beide Parteien zu Wort kommen lassen."

„Ganz klar!" rufen die Mücken im Chor, „Natürlich!"

Da befiehlt Salomon: „Der Ostwind möge erscheinen!"

Sofort ist der Ostwind da.

Und die klagenden Mücken?

Verschwunden.

So geht es allen,
Die mit ihren Klagen
vor dem Hohen Gericht erscheinen.
Wo bleiben sie, wenn das Göttliche Gegenwart wird?

Erst kommt Sterben, dann Vereinigung.

Wie bei den Mücken im Wind.

UNBESCHRIEBENE BLÄTTER

Sei nicht bedrückt!
Was immer du verlierst,
kommt in anderer Gestalt wieder.
Ein Kind,
das von der Muttermilch entwöhnt wurde,
trinkt heute Wein mit Honig gemischt.

Gottes Freude bewegt sich
von einem unbeschriebenen Blatt zum nächsten.
Von Zelle zu Zelle.
Wie Regenwasser in ein Blumenbeet hinunter,
wie Rosen aus der Erde hinauf.
Jetzt sieht sie aus wie ein Teller mit Reis und Fisch,
jetzt wie eine Klippe voll Reben,
jetzt wie ein Pferd, das gesattelt wird.
In all dem versteckt sie sich,
bis sie es aufbricht und öffnet.

Wenn wir schlafen,
verlässt ein Teil von uns den Körper
und ändert seine Gestalt.
Dann sagt man vielleicht:
„Letzte Nacht war ich eine Zypresse
oder ein kleines Tulpenbeet
oder ein Weinberg."

Dann verschwindet das Traumbild,
und du bist wieder im Zimmer.

Ich will niemandem Angst machen.
Hör auf das, was hinter den Worten ist.

Papapumpumpum papapum
papapumpum papapum.

Das helle Gold von Getreide liegt da in der Sonne
und das goldene Brot,
das daraus gemacht wird, ebenso.
Keines von beiden gehört mir.
Ich rede nur darüber.

So wie eine Wüstenstadt in einer klaren Nacht
zu den Sternen schaut.

MEISTER UNSERER MUSIK

Du, der du Liebende liebst,
Hier ist dein Zuhause. Willkommen.

Mitten im Schaffen der Formen,
bildete Liebe diese Form hier,
die alle Formen schmilzt.
Aus Liebe zu der Tür,
zur Wandelhalle der Seele.

Schau die Staubteilchen an,
die sich im Licht nah beim Fenster bewegen.

Ihr Tanz ist unser Tanz.

So selten hören wir diese innere Musik,
aber trotzdem tanzen wir nach ihr,

gelenkt durch das Eine, das uns lehrt,
die pure Freude der Sonne,
den Meister unserer Musik.

SCHWIMMEN

Bist du eifersüchtig auf die Großzügigkeit des Ozeans?
Warum diese Freude irgendwem verweigern?
Fische halten das heilige Wasser
doch nicht in Tassen fest!
Sie schwimmen darin – kreuz und quer –
durch das gewaltige, freie Meer.

TANZ!

Wenn du aufgebrochen bist,
tanz!

Wenn du den Verband heruntergerissen hast,
tanz!

Mitten in der Schlacht,
tanz!

Tanze in deinem Blut!

Wenn du vollkommen frei bist, *tanz!*

KLETTERT AUF EURE DÄCHER

Ratschläge helfen Liebenden nicht.
Sie gehören nicht zu der Sorte von Bergflüssen,
die sich eindämmen lassen.

Ein Intellektueller weiß nicht,
was der Trunkene fühlt!

Versuch nicht herauszubekommen,
was die, die sich in der Liebe aufgelöst haben,
als Nächstes tun!

Jemand, der das Sagen hat,
mag alle Macht fahren lassen,
wenn er nur einen Hauch von dem Moschus-Wein
aus dem Raum mitbekommt,
in dem Liebende wer weiß was tun!

Einer versucht, ein Loch durch den Berg zu graben.
Einer nimmt vor akademischen Ehren Reißaus.
Einer lacht sich über imposante Schnurrbärte schief!

Leben gefriert, wenn es nicht einen Duft
dieses Mandelkuchens erhascht.

Nur aus Liebe tanzen die Sterne doch jede Nacht.
Sonst würde die ewige Dreherei
sie nur wahnsinnig machen!
„Wie lange noch?" würden sie stöhnen.

Gott setzt die Flöte an und bläst hinein.
Jeder Ton ist eine Notwendigkeit,
das durch einen von uns zum Ausdruck kommt.
Eine Leidenschaft, ein Sehnsuchtsruf.

Erinnere dich an die Lippen,
aus denen der Atemwind kommt,
und sing deinen Ton laut und klar!
Hör nicht auf damit!

Sei, was du singst!

Wie lange?

So lange:

Steig in der Nacht
auf dein Dach in der Seelenstadt hier.
Ihr alle, klettert auf eure Dächer hinauf
und singt *euer* Lied!
Laut und klar.

TAUBE AM DACHRAND

Wenn ich die Hand auf meine Brust lege,
ist es deine Brust.

Und jetzt kratzt du meinen Kopf!

Manchmal steckst du mich
in die Herde zu deinen anderen Kamelen.
Manchmal stellst du mich als Kommandant
an die Spitze der Truppen.

Manchmal befeuchtest du mich mit deinem Mund
wie deinen Siegelring,
bevor du dein Machtzeichen setzt.

Manchmal formst du mich zum Klopfring an einer Tür.

Du nimmst Blut und machst Spermien.
Du nimmst Spermien und erschaffst ein Tier.
Du nimmst das Tier und bringst Intelligenz hervor.

Leben führt immer zu immer mehr Leben.

Du entführst mich sanft
wie ein Flötenlied eine Taube vom Dachrand.

Mit dem gleichen Lied rufst du mich zurück.

Du treibst mich auf weite Reisen hinaus,
dann stoppst du jede Bewegung
und hältst mich fest wie ein Anker.
Ich bin Wasser.
Ich bin der Dorn,
der sich in jemandes Kleidung verfängt.

Herrliche Aussichten sind mir egal.
Ich will nur in deiner Gegenwart sein.

Ich sah deine Klinge, und ich verbrannte meinen Schild.

Wie der Engel Gabriel
flog ich einst auf sechshundert Flügelpaaren.

Aber wozu sollte ich Flügel brauchen,
jetzt da ich da bin!

Tag und Nacht behütete ich die Perle meiner Seele.
Jetzt, in diesem Meer aus perlenden Strömungen,
ist mir entglitten, was mir gehört.

ICH LIEBE, WIE STILL DIESE ANTWORT IST

Was muss ich mit dir lachen!
Dieser wilde Humor!

Da jammere ich,
dass ich ausgetrocknet und durstig bin,
dabei besteht alles aus Wasser!
Da fühle ich mich einsam und verlassen,
dabei lehnt mein Kopf an deiner Brust!

Meine verletzten Hände sind deine Hände!

Tu doch etwas Verrücktes!

Da sagst du:
„Komm! Komm in die allerinnerste Kammer,
wo deine Liebe sicher ist."

Darauf ich:
„Aber ich wollte doch dein Türöffner sein,
damit du mich nicht immer
ein- und auslassen musst!"

Darauf du:
„Nein. Du stehst auf der Schwelle und wartest.
Und gleichzeitig bist du im Allerinnersten hier.
Du bist an beiden Orten zuhause."

Ich liebe, wie still diese Antwort ist.
Komm an diesen Tisch aus Stille.

AYAZ UND DIE PERLE DES KÖNIGS

Eines Tages
versammelte der König seine Hofleute um sich.
Er legte dem Minister
eine leuchtende Perle in die Hand.
„Wie viel würdest du sagen, ist das wert?“
„Mehr Gold,
als hundert Esel tragen könnten.“

„Zerbrich sie!“

„Mein König,
wie könnte ich dein Eigentum
dermaßen missbrauchen?“
Der König schenkte ihm
eine Ehrenrobe für seine Antwort
und nahm die Perle zurück.
Eine Zeitlang redete er über verschiedene Themen.
Dann gab er die Perle
dem Kammerherrn in die Hand.
„Zu welchem Preis würdest du sie verkaufen?“
„Für ein halbes Königreich. Möge Gott sie erhalten!“

„Zerbrich sie!“

„Meine Hand ist nicht fähig, so was zu tun.“
Der König belohnte ihn mit einer Ehrenrobe
und der Erhöhung seines Salärs, und so ging es weiter
mit jedem der fünfzig, sechzig Hofleute.

Einer nach dem anderen
imitierten sie den Minister und den Kammerherrn
und erhielten neues Vermögen geschenkt.

Dann bekam Ayaz die Perle.

„Kannst du in Worte fassen, wie herrlich sie ist?“
„Dafür habe ich keine Worte.“

„Dann zerbrich sie!
Augenblicklich!
In winzige Stücke!“

Ayaz hatte von dieser Situation
zuvor einen Traum gehabt
und in seinem Ärmel zwei Steine versteckt.

Er malmte die Perle zwischen ihnen zu Pulver.

Der ganze Hofstaat schrie auf
über die Rücksichtslosigkeit von Ayaz.
„Wie konntest du das nur tun?“

„Was der König sagt, ist mehr wert als jede Perle.
Ich verehre den König, nicht so einen bunten Stein.“

Sofort stürzten die Prinzen auf die Knie,
die Stirn zum Boden.
Wie Rauchwolken stiegen ihre Seufzer auf,
die um Vergebung flehten.
Der König gab dem Henker Zeichen,
als würde er sagen:
„Bring diesen Müll raus."

Ayaz sprang nach vorn.
„Deiner Gnade wegen verbeugen sie sich so.
Schenk ihnen das Leben!
Lass sie weiter hoffen, mit Dir eins zu sein!
Sie sehen jetzt ihre Vergesslichkeit ein.

Wie der Betrunkene, als er sagte:
‚Ich wusste nicht, was ich tat'
und dann stellte jemand klar:
‚Aber du hast diese Vergesslichkeit in dich eingeladen.
Du hast sie getrunken.

Da gab es eine Wahl!'

Jetzt wissen sie von tief innen,
wie das Nachmachen sie in Schlaf gelullt hat.
Trenn Dich nicht von ihnen.
Schau wie all ihre Köpfe am Boden liegen.
Heb ihre Gesichter in Deines hoch.
Erlaube ihnen,
sich in Deinen kühlen Wassern zu reinigen."

Ayaz und seine Rede
gelangen immer bis zu diesem Punkt,
dann bricht der Stift entzwei!

Wie kann eine Schüssel den Ozean enthalten?
Trunkene zerschlagen die Tassen,
wenn *Du* den Wein eingeschenkt hast!

Ayaz sagte: „Du hast mich gewählt,
um die Perle zu brechen,
bestraf jetzt nicht die andern,
weil ich so blind gehorche!
Bestraf sie, wenn ich nüchtern bin.
Nüchtern werde ich nämlich nie mehr sein!

Wer sich so zu Boden wirft wie sie,
wird nie wieder mit seinem alten Ich aufstehen.
Wie Mücken in Deiner Buttermilch
sind sie jetzt selbst Deine Buttermilch.
Die Berge beben!
Die Linien Deiner Hand sind jetzt
Ihre Landkarten und ihr Kompass!"

Ich brauchte hundert Münder,
um all das auszudrücken, mein Husam*!
Aber ich habe nur diesen hier!
Hunderttausend Erkenntnisse
wollen hier durch!
Wie überwältigend diese Fülle ist!
Ich bin zerschmettert und tot.

* Husam Chelebi war der Schreiber, dem Rumi den letzten und größten Teil seines Werkes, das „Mathnawi" diktierte. Er war jedoch viel mehr als das. Rumi sagte, Husam sei die Quelle seiner Worte und er selbst nur die Flöte. Husam sei der Flötenspieler und der Atem, das „Mathnawi" sein Lied. Er gehöre jener Klasse von Heiligen an, die sich mit stiller Versenkung nicht zufrieden geben, sondern ihr Wissen ausdrücken müssen. Husam war wie Rumi ein Schüler von Shams von Täbriz.

MAUS UND FROSCH

Eine Maus und ein Frosch
treffen sich jeden Morgen unten am Fluss.
Dort sitzen sie in einem Eck am Boden und reden.

Sobald sie sich morgens sehen,
gehen auch schon ihre Herzen auf,
und sie erzählen einander
Geschichten, Träume, Geheimnisse,
frei von Misstrauen und Angst.

Wenn man die beiden hört und sieht,
versteht man von selbst,
dass manchmal, wie es heißt, Christus erscheint,
wenn zwei zusammenkommen.

Die Maus lacht auf
und fängt begeistert mit einer Geschichte an,
an die sie seit fünf Jahren nicht mehr dachte,
und für die sie vielleicht auch fünf Jahre brauchen wird!
Nichts bremst dieses Sprudeln und Strömen,
diese alles tragende Flut.
Das ist wirkliche Intimität.

Bei diesen zweien kommt Bitteres nicht zum Zug.

Khidr *, der Gottesbote,
berührt einen Fisch auf dem Rost,
und der Fisch springt vom Grill ins Wasser zurück.

Freund und Freund sitzen beisammen,
Schreibtafeln tauchen auf,
und die Freunde lesen sich die Mysterien von der Stirn.

Aber eines Tages beklagt sich die Maus:
„Manchmal, wenn ich mit dir sein will,
bist du im Wasser draußen
und kannst mich nicht hören.
Wir treffen uns immer nur zur verabredeten Zeit,
aber es steht doch geschrieben:
Liebende beten ohne Unterlass!

Einmal am Tag, einmal die Woche, fünfmal die Stunde,
das reicht mir nicht!
Fische wie wir brauchen das Meer um uns herum!"

Sagen Kamel-Glöckchen etwa:
„Wir treffen uns Donnerstagnacht wieder hier?"
Lächerlich!
Sie klingeln und plaudern andauernd miteinander,
während sich das Kamel voranbewegt!

Besuchst du *dich selbst* etwa regelmäßig?
Diskutier bitte nicht oder antworte aus dem Verstand!
Lass uns sterben und von dort antworten.

* Khidr ist der legendäre „Grüne Mann" vieler spiritueller Traditionen. Er kann Menschen aus der Welt der Illusionen in die Welt der Wahrheit führen.

NICHTS LIEGT VOR UNS

Verliebte glauben, sie suchen einander,
aber es gibt nur eine Suche:
Diese Welt durchwandern
und jene Welt durchwandern ist gleich.
Beides geschieht im Inneren
eines durchsichtigen Himmels.
Hier innen
gibt es keine Vorschriften und keine Abtrünnigkeit.

Das Wunder von Jesus ist er selbst.
Nicht was er über die Zukunft sagte oder dafür tat.
Vergiss die Zukunft.
Jemanden, der das kann, bete ich an.

Unterwegs magst du zurückblicken wollen oder nicht,
aber wenn du sagen kannst: Nichts liegt vor uns,
wird dort auch nichts sein.

Streck deine Arme aus
und fass den Stoff deiner Kleidung mit beiden Händen.
Das Heilmittel für den Schmerz steckt im Schmerz.
Gutes und Böses sind vermischt.
Wenn du nicht beides in dir hast,
bist du keiner von uns.

Wenn einer von uns verloren geht, muss er in uns sein.
Einen Ort wie diesen gibt es nirgendwo auf der Welt.

TAUSEND NEUE MASKEN

Wirklich Kostbares und Verrücktheit
kommen im selben Augenblick.
Hier der selige Gott-Trunkene,
dort der Wissenschaftler.
Wer immer unter dem Druck und dem Schmerz
zur *Liebe* findet,
verschwindet mit tausend neuen Masken
im Nirgendwo.

ERSEHNTES LIEBLINGSLIED

Du bist ein Lied.
Ein ersehntes Lieblingslied.

Flieg durch deine Ohren hindurch
ins Zentrum hinein,
wo sich die Sterne drehen,
wo der Atem strömt,
wo stilles Erkennen ist

Steck in die Erde Samenkörner
und deck sie zu.

Wo du deine Arbeit tust,
werden Halme wachsen!

DER ALLERLEBENDIGSTE MOMENT

Der allerlebendigste Moment ereignet sich,
wenn sich die, die einander lieben, in die Augen sehen.
Was in dem Moment zwischen ihnen fließt, das ist er.

Wenn du dein Gesicht
in einer Menge von anderen siehst
oder allein auf einer beklemmenden Straße,
muss ich weinen.

Unsere Tränen verbessern aber die Erde.
Die Zeit, als du mich tadeltest,
deine Dankbarkeit, dein Lachen,
immer vergrößerst du nur die Seele.

Dich sehen ist wie Wein,
der nicht benebelt oder betäubt.
Wir sitzen im Schatten der Zypresse.

Innen, wo Staunen und Klarheit des Denkens
ihr langsames Wachstum
in uns hinein verflechten.

WAS SHAMS VERSTRÖMTE

Ich will Worte sagen wie Flammen.
Aber ich zügle mich
und versuche nicht, beide Welten
in einen Mund zu zwängen.

In mir ist ein ganzes Ägypten verborgen,
das es nicht gibt.

Ist das gut oder schlecht?
Ich weiß es nicht.

Jahrelang habe ich
mit meinen Augen Sex ausgesendet.
Jetzt lasse ich das.
Jetzt bin ich nicht mehr da oder dort.

Für das, was jetzt aus mir strömt,
weiß ich keinen Namen.
Aber alles, was Shams verströmte,
kannst du nur allzu gern von mir haben!

DIESE WEITE

Wenn du fühlst
wie deine Lippen unendlich werden
und süß wie ein Mond am Himmel,
wenn du diese Weite in dir fühlst,
ist Shams von Täbriz auch da.

DIESE ALLES TRAGENDE KRAFT

Die Liebe hat mir meine geistigen Übungen weggespült
und mich mit Musik und Gedichten erfüllt!

Im Stillen versuchte ich über die Worte zu meditieren:
„Keine Kraft außer deiner Kraft“. Es ging nicht.

Ich musste klatschen und singen!
Einst war ich ehrwürdig und korrekt und gefestigt,
aber wer kann in diesem machtvollen Wind stehen
und an so etwas auch nur denken?

Ich war ein Stück Holz, das in dein Feuer fiel
und sofort in Rauch aufging.

Ich sah dich und war auch schon leer.
Dieses herrliche Leersein!
Es löscht alles Leben vollkommen aus,
und doch, wie blüht dadurch alles Leben auf,
und erschafft und erschafft und erschafft!

Der Himmel ist blau.
Die Welt ist ein blinder Mann, der am Boden hockt.

Aber wer immer dein Leersein erfährt,
sieht hinter das Blau und hinter den blinden Mann.

Eine große Seele wie Mohammed oder Jesus
verbirgt sich und wandert unbemerkt
durch das Getümmel in einer großen Stadt

Wirklicher Jubel
bejubelt die Hingabe an das Leersein!

Über die Sonne jubeln heißt,
deine eigenen Augen bejubeln.
Juble über das Seelenmeer!

Diese Worte sind nur wie ein Schiffchen darauf.
Die Seereise geht also weiter – und wer weiß wohin?

Allein, dass wir von diesem Meer getragen werden,
ist das größte Glück, das wir haben können.

Das ist totales Erwachen!

Warum sollte es uns bedrücken,
dass wir geschlafen haben?
Es spielt keine Rolle, wie lange wir abwesend waren!

Uns ist ganz schwindelig!
Aber lass doch die Schuldgefühle und Ängste los!
Fühl diese Wellen von Zärtlichkeit – überall.
Diese alles tragende Kraft!

KEIN FREMDER MEHR

Du bist kein Fremder mehr,
Den ganzen Tag über
hörst du dieses verrückte Liebesgerede.
Wie eine Biene
lieferst du hunderten Heimen Honig aus.
Obwohl dein eigenes Heim so fern ist.

UNSER REZEPT: EIN FREUND

Wir sind Weisheit und Heilen,
gegrilltes Fleisch
und der sternenverzierte Sarkophag.

Wir sind der Boden
und der verschüttete Wein, der in ihn sickert.
Wenn Krankheit kommt, heilen wir.

Bei Traurigkeit heißt unser Rezept: ein Freund.
Wenn der Tod kommt: ein Freund.

Lauf, wenn du uns unterwegs antreffen willst.
Wir brauchen wenig und spenden Segen.

Wir schauen so und so aus,
aber hier ist ein Baum,
und wir sind der Morgenwind in den Blättern,
der die Zweige bewegt.

Stille, die sich mal in das,
mal in jenes verwandelt.

EIN SCHWINGENDES WESEN

Liebe ist nicht gönnerhaft,
nie und nimmer.
Liebe ist auch keine Bücher,
auch nicht Papiernotizen,
auch nicht, was Leute übereinander erzählen.

Liebe ist ein Baum
mit Ästen, die in die Ewigkeit reichen,
und Wurzeln tief in der Ewigkeit,
und ohne Stamm!
Hast du den je gesehen?

Dein Verstand kann das nicht.
Dein Verlangen kann es nicht.
Die Sehnsucht, die du nach dieser Liebe fühlst,
lebt in deinem Inneren.

Wenn du zum *Freund* wirst,
wird dein Sehnen wie jener Mensch,
der sich im Meer an einem Stück Holz festklammert,
und am Ende sind Holz, Mensch und Ozean
Ein schwingendes Wesen,
Shams von Täbriz,
das Geheimnis von Gott.

GEGENWÄRTIG WIE REGEN

Es gibt eine Art Geist,
der wie frischer Regen strömt,
ein Wasser,
das alles, was schlecht und verdorben ist,
fort zum Ozean trägt.

Dort wird selbst das Wasser gewaschen,
um im nächsten Jahr wieder neu zu sein.

„Wo bist du gewesen?“
„Im Meer.
Aber jetzt kann ich all deinen Schmutz
wieder aufnehmen.
Gib ihn mir.
Wirf deine Kleider ab,
vertrau sie mir an.“

Dies ist der herrliche Dienst
jener Wasser-Seelen,
die uns reinigen.

Wir erschöpfen ihr Klarsein mit unserem Schlamm
und dann heben die Wolken sie hoch
und die Sonne nimmt sie auf wie Dunst.

Auf verschiedenen molekularen Wegen
gelangen sie wieder zum Ozean.
Mit Wasser ist hier
der Geist der erleuchteten Einen gemeint.

Tauch in das heilende Nass
ihrer Flüsse und Ströme,
das sogar sie selbst noch wäscht.

Schau nur, ihre Wolken-Gewänder
kannst du herabregnen sehen!

WIR DREI

Mein Liebster durchwandert
die Räume wie Melodien.
Flötentöne, klingende Saiten.
Trunken vom Wein des Weisen
auf seinem Weg nach Bethlehem.

Wir sind drei.
Der Mond kommt aus seinem stillen Eck
und stellt einen Krug Wasser in die Mitte.
Der Kreis der Oberfläche in Flammen.

Einer von uns kniet nieder
und küsst die Schwelle.

Einer trinkt,
Weinflammen spielen auf seinem Gesicht.

Einer betrachtet das Ganze
und sagt jedem, der verständnislos schaut:

Dieser Tanz ist die Ekstase des Lebens!

Wie bin ich erfüllt von dir!
Haut, Blut, Knochen, Gehirn und Seele!

Da ist kein Platz für Misstrauen.
Und auch kein Platz für Vertrauen.
Nichts in diesem Leben als jenes Leben!

WENN GEIST DEN KÖRPER BERÜHRT!

Dieser Kuss, für den wir alles herschenken würden:
Wenn Geist den Körper berührt!

Wie Meerwasser, das die Perle anfleht,
doch aus der Muschel zu kommen!

Und wie sehr sehnt sich die Lilie
nach irgendeinem wilden Schatz!

Nachts am offenen Fenster
bitte ich den Mond hereinzukommen
und sein Gesicht auf meines zu legen.

Atme in mich hinein!

Schließ die Rede-Tür und öffne das Liebe-Fenster.
Der Mond benützt nie die Tür,
nur das Fenster.

DIEBE DER NACHT

Uns schaudert bei dem Gedanken,
zu Nichts zu werden.

Doch wie viel mehr Angst hat das Nichts davor,
es könnte zu einem Menschen werden!

Gott lieben ist der einzige echte Genuss.
Jeder andere Genuss wird schal.

Was verletzt die Seele?
Leben,
ohne je vom fließenden Wesen
des Lebens zu kosten.

Wie viele sind fixiert auf Tod und Materie.
Und sie misstrauen dem Meer der Seele.

Doch Zweifel kann man zerstreuen!
Nutze die Nacht, um dein Klarsein zu wecken.

Dunkelheit und lebendiges Wasser sind Liebende.
Lass sie gemeinsam wachen.

Wenn die Kaufleute üppig dinieren
und ihren toten Schlaf schlafen,
gehen wir Diebe der Nacht an die Arbeit.

LASS EIFERSUCHT ENDEN!

Mitternacht,
aber deine Stirn
strahlt wie der Morgen.

Du kommst zu mir
und löst die Dunkelheit Locke um Locke.

Lass Eifersucht enden!

DER JURASTUDENT

Bis du aufhörst,
mit deinem Verstand Dinge auszuhecken,
geschieht nichts.
Hör mit deinem Schnattern auf!

Denk an die Geschichte von Sadri Jahan aus Buchara,
der so großzügig zu Bettlern war.
Er wickelte Goldstücke in Papier
und verschenkte sie,
so wie Sonne und Mond ihr Licht wegschleudern
und möglichst rasch
das Strahlen loswerden wollen, das sie erhalten haben.

Jeden Morgen suchte Jahan andere Leute aus.
An einem Tag konnten das Kranke sein.
Am nächsten Tag Witwen oder Jurastudenten,
einfache Bauern oder Menschen, die Schulden hatten.
Jeder kam einmal an die Reihe
und erhielt Gold von Jahan.

Es gab nur eine einzige Regel:
Man durfte nicht laut darum bitten.

Schon als er aus dem Haus trat, säumte das Bettelvolk
wie stille Mauern auf beiden Seiten den Weg.
Tat auch einer nur einen flehenden Laut,
um bemerkt zu werden,
erhielt er zur Strafe nie wieder ein Almosen.
Jahans Motto lautete nämlich:

Selig sind die Stillen.

Eines Tages platzte plötzlich
ein wandernder Bettler heraus:
„Herr, bitte, ich bin hungrig!"

Sadri Jahan drehte sich um:
„Hast du kein Schamgefühl, alter Mann?"

Schnell kam die Antwort:
„Ah! Aber du bist doch viel schamloser als ich, Jahan!"

„Was sagst du da?"

„Du genießt schon diese Welt hier,
und mit deiner Gebe-Gier versuchst du zusätzlich,
die andere Welt hierher zu zwingen,
damit du auch die noch genießen kannst!"

Sadri Jahan lachte und gab ihm Geld.
Aber bis auf dieses eine Mal,
gab er nie Leuten etwas,
die sprachen, wenn er vorbeiging.
Eines anderen Tags
kamen die armen Jurastudenten dran.
Einer von ihnen gab aus Versehen
einen kleinen wimmernden Laut von sich,
als Jahan näher kam.
Jahan hörte und registrierte die Ungeduld,
und die Strafe folgte auf dem Fuß.

Am nächsten Tag
legte der Jurastudent Beinschienen an,
umwickelte sie mit Lumpen
und stellte sich mit gesenktem Kopf
zu den Verkrüppelten.
Doch Jahan erkannte ihn.

Am übernächsten Tag kam er in Frauenkleidern
und versuchte, sich ganz verschleiert
unter die Witwen zu mischen.
Aber irgendwie roch Jahan,
in welche ausgestreckte Hand
keine Almosen sollten.

Verzweifelt suchte der Student
einen Totenhemd-Schneider auf.
„Wickel mich in schwarzen Filz
und leg mich an den Straßenrand.
Wenn Jahan vorbeikommt, sag bloß nichts.
Sitz einfach neben mir, und was immer er gibt,
will ich mit dir teilen."

Da waren sie also jetzt,
der Student, gewickelt in sein Totenhemd,
und der Schneider neben ihm.
Jahan blieb stehen und ließ ein paar Goldstücke
auf das Totenhemd fallen.

Die Hand des Toten schoss hervor,
um sie zu greifen, bevor der Totenhemd-Schneider
mit der Einnahme fortrennen würde.
Er wickelte sich aus und reckte den Kopf hoch.
„Siehst du, Jahan,
ich habe doch einen Weg
zurück in deine Großzügigkeit gefunden."

„Ja,
aber dafür musstest du erst einmal sterben."

Das ist die Bedeutung von
Stirb, bevor du stirbst.

Gnade erfährt man erst,
nachdem man die Kunst des Sterbens erlernt hat.
Doch selbst das zu lernen ist eine mystische Gabe!

Sei still und warte.

Und wenn dir der helle Smaragd
für die Stirnmitte überreicht wird,

trage ihn!

DER ALTE MANN UND DER ARZT

Ein alter Mann ist beim Arzt.
„Ich kann nicht mehr richtig denken."
„In Ihrem Alter ist mentale Schwäche normal."

„Manchmal sehe ich schwarze Punkte."
„Das ist das Alter, mein Herr."

„Mein Rücken ist steif und tut weh."
„Das Alter."

„Ich kann mein Essen nicht mehr verdauen."
„Auch Verdauungsstörungen sind altersbedingt."

„Manchmal kann ich nicht mehr richtig atmen."
„Asthma. Im letzten Lebensabschnitt
tauchen zweihundert Krankheiten auf."

„Idiot!" schreit der alte Mann,
„haben Sie auf alles nur eine Antwort?
Sie scheren ja alles über den gleichen Kamm!
Haben Sie nicht mehr über Medizin gelernt?
Wissen Sie nicht, dass Gott für jeden Schmerz
ein Heilmittel geschaffen hat, Sie Quacksalber?"

Darauf der Arzt: „Spontanaggressionen
sind symptomatisch für über Sechzigjährige."

Sprachlos schnappt der Alte nach Luft und geht.

Nicht alle älteren Herren und Ärzte sind so.

Gesegnete mögen äußerlich altern,
innerlich werden sie jung.
Sie *leben* die Auferstehung.

Warum sollten sie sich
um die Ränke der Welt Gedanken machen?
Um all den Hass und die Heldentaten?

Ihr Innerstes
ist die Liebe eines Seelenführers.

Dort lebt Gott.

VOLLKOMMEN NEU!

Die Sonne ging heute anders auf.
In ihrem wechselnden Licht
bewegen sich Seelen.

Jupiter, der Mond,
das Glückshaus, das wir bewohnen,
der *Freund,*
alles ist heute ein Geist,
eine grandiose Gesundheit,
in der wir einander dienen.

Einer, der beim Bankett
bedienen und Wein ausschenken soll,
kommt gerade an,
als schon alles zu Ende ist.
Der perfekte Beginn für den Schluss!

Wie Füße, die Kopf werden.
Vollkommen neu!

EPILOG

Ein Mann fragte Rumi einmal:
„Warum redest du so viel über Stille?"

Rumi darauf:
„Der strahlende Eine in mir hat nie ein Wort gesagt."

QUELLENVERZEICHNIS

Die Angaben in den vier aufgelisteten Büchern sind wie folgt gegliedert: Deutscher Titel/ Amerikanischer Titel oder Gedichtanfang/Quelle.
Die Quellen sind:
1. Die Bände von Nevit Ergin, gekennzeichnet durch zwei Zahlen und ein Rautezeichen (Zahl eins bezeichnet den Band, Zahl zwei nach dem Rautezeichen bezeichnet die Nummer der Ode bzw. des Ghasels).
2. Die Oden und Vierzeiler in Furuzanfars achtbändiger Ausgabe *Kulliyat-e Shams* (Teheran: Amir Kabir Press, 1957-66), gekennzeichnet durch eine Zahl und davor ein Rautezeichen.
3. Die sechsbändige *Mathnawi*-Ausgabe von Reynold Nicholson (London: Luzac, 1925-40), gekennzeichnet durch die römischen Ziffern I-VI, gefolgt von Zeilen-Ziffern.
4. Kurzgedichte und Vierzeiler aus A.J.Arberrys *The Rubaiyat of Jalal al-din Rumi* (London: Emery Walker, 1949), gekennzeichnet durch den Namen Arberry und eine Seitenzahl oder ohne Angabe.

DELICIOUS LAUGHTER
Rambunctious Teaching Stories from the Mathnawi,
Rumi Versions by Coleman Barks,
Maypop Books

Der Jurastudent
The Law Student and the Shroud-Maker
VI, 3798-3842

Die Ozean-Ente
The Ocean Duck
II, 3766-3810

Gegenwärtig wie Regen
A Presence Like Rain
V, 199-223

WE ARE THREE
New Rumi Translations
by Coleman Barks,
Maypop Books

Die Edelstein-Blume
So delicate yesterday
#1880

Drehen
Last night you left me
#1879

Trunkenbold
A drunk comes
#415

Was ich will
What I want is to see
#441

Was muss ich mit Dir lachen!
I never get enough of laughing
#2244

THE ESSENTIAL RUMI
Translations by Coleman Barks
with John Moyne,
HarperSanFrancisco

Ayaz und die Perle des Königs
Ayaz and the King's Pearl
V, 4035-4064, 4075-4079,
4083-4117, 4189-4192, 4195-4215

Das Gasthaus
The Guest House
V, 3644-46, 3676-80, 3693-95

Derwisch an der Tür
Dervish at the Door
VI, 1250-1267

Die lahme Ziege
The lame goat
III, 1114-1127

Diese alles tragende Kraft
Buoyancy
#940

Diese Weite
When you feel your lips becoming infinite
#807

Ein nackter Mann
A naked man
IV, 435-466

Ersehntes Lieblingslied
A Wished-For Song
#2196

Hallaj
Hallaj
#1288

Herum und herum
I circle your nest tonight
171

Hier ist der Weg!
Drums sound rises on the air
Arberry, 64a

Jemand
Someone who goes with half a loaf of bread
#494

Klettert auf eure Dächer
Each note
#532

Maus und Frosch
A mouse and a frog
VI, 2632, 2665-69, 2681-84

Meister unserer Musik
Music Master
#1195

Mücken im Wind
Gnats inside the Wind
III, 4624-33, 4644-59

Schlund unserer Bedürfnisse
When we pray alone
VI, 118-128

Schwimmen
Are you jealous of the ocean's generosity?
Arberry, 7b

Tanz!
Dance, when you're broken open
III, 95-97

Tänzer in meiner Brust
In Your light I learn how to love
Arberry, 178a

Taube am Dachrand
A Dove in the Eaves

#543 Unbeschriebene Blätter
Unmarked boxes
#1937

Was Shams verströmte
An Egypt that doesn't exist
#1754

Wir Drei
We Three
#2395

THE SOUL OF RUMI
A new collection of ecstatic poems,
translated by Coleman Barks,
HarperSanFrancisco

Der allerlebendigste Moment
The most alive Moment
8b, #162

Der alte Mann und der Arzt
Under the hill
II, 3088-3110

Diebe der Nacht
What hurts the soul?
I, 3689-92

Ein schwingendes Wesen
One swaying Beeing
8a, #31

Einer, der aufhört
One who can quit seeing himself
14, #44

Innen im Universum von Shams
Inside Sham's Universe
8a, #22

Kein Fremder mehr
No longer a stranger
#1618

Lass Eifersucht enden
Midnight

Mitternacht
A long cry at midnight
III, 4345-4374

Die Musik, die wir sind
The music we are
#782

Schmerz
Pain comes from seeing
II, 217-2834

Unser Rezept: ein Freund
We prescribe a Friend
6, #31

Vergeben
What you've been given
III, 3635-57

Vollkommen neu!
Feet becoming Head
8a, #29

Wachehalten
Flowers open every night

Wenn Geist den Körper berührt
Some kiss we want
#1888

WEITERE LITERATUR AUS DEM ARBOR VERLAG

Rumi

Das Eine Lied

Mevlana Dschelaluddin RUMI (1207 – 1273) wurde weltbekannt als der große Mystiker einer Liebe, die Raum und Zeit überwindet und weit darüber hinausströmt. Seine Gedichte in diesem Bändchen – zusammengestellt und übersetzt von Christoph Engen nach den Versionen von Coleman Barks – verweisen auf jenen Bereich unseres Inneren, in dem jede Idee von Trennung, Mangel oder Verlust aufgehoben ist. Dort ist Verhärtetes wieder in Fluss gekommen. Dort werden bedingungslose Liebe und Freude und Freiheit erfahren. Dort wird Leben als reine Musik erlebt.
Bis heute unterstützen seine Gedichte und Schriften eine Vielzahl von Wahrheitssuchern weltweit und helfen ihnen dabei, die Musik der Seele und ihre tiefen Wahrheiten neu zu entdecken.

Kein karges Brot der Buße und Selbstherabsetzung offenbart sich in diesen 800 Jahre alten Texten, sondern ein Wein, der ohne Kater trunken macht und in der Seele den Funken des Aufbruchs zurück zum eigenen Wesenskern entzündet.
Ich finde die Übertragungen Christoph Engens sehr ansprechend, berührend und poetisch. Sie vermitteln mir viel von der überbordenden Lebensfreude des großen Liebenden.

Konstantin Wecker

ISBN 978-3-86781-158-3

Rumi

Durchwachte Nacht

In diesen von Christoph Engen aus der Übertragung von Coleman Barks übersetzten Gedichten lässt uns Rumi teilhaben an seiner tiefen Freude und Dankbarkeit darüber, dass es in Wahrheit nur Gottes bedingungslose Liebe gibt. Und dass wir alle selbst diese bedingungslose Liebe in unserem Innersten sind. Diese große, umfassende Liebe strömt über jede Begrenzung hinweg und dehnt sich zu allem und jedem hin aus. Die Freude der wirklichen Liebe kann gar nicht anders, als über jede Begrenzung hinauszuströmen, über jede scheinbare Trennung, über jede scheinbare Krankheit, über jeden scheinbaren Tod.

ISBN 978-3-86781-144-6